AF480408

9 789948 735601

إيمان ريَّان، كاتبة ومترجِمة ومديرة استيراد، أُمٌّ ليافا وبيسان ومحمّد ، نسوِيَّة وتؤمِن أنَّ النِّساء يجب أن يُشهِرن نسويَّتَهنَّ طَوالَ الوقت.

الإهداء

"لا أُخبرُ قصَّتي لأنَّها فَريدَة مِن نَوعِها، ولكن لأنَّها لَيست كَذلِك".

ملاله يوسفزي

إيمان ريّان

لا تتوقّفي عن الرّكض

AUSTIN MACAULEY PUBLISHERS®
LONDON • CAMBRIDGE • NEW YORK • SHARJAH

"كنتُ شابّةً، أُسافرُ عبر الميترو مع كتابي الصغير كي أدافعَ
عن نفسي ضدّ هذا العالم."

"لويز جليك"

(1)

أحلمُ طوالَ الوقتِ

بفتياتٍ

يمتلكْنَ أعمالَهنَّ الخاصّة

بيوتَهنّ الخاصّة

أفكارَهنّ الخاصّة

أجسادَهنَّ الخاصّة

ألتفتُ..

فأراني.. وأرى ابنتي

وكلَّ مَن ستأتين مِن رحمي!

نضحَكُ معًا

ونقولُ:

لقد نجونا من الفخِّ.

(2)

يومًا ما سأحكِي لكِ كيفَ تصبحُ الفتياتُ الصَّغيراتُ، الوحيداتُ، الخائفاتُ، الهارباتُ من القريةِ الصَّغيرةِ، مديراتٍ تنفيذيّات.

(3)

تقولُ أمّي:
"النِّساءُ أشجارٌ!
توقَّفي عنِ الرَّكضِ!
اضربي جذورِكِ
لأجلي.. لأجلِ كلِّ النِّساءِ..
مِن رحِمي!"
أنا أركضُ يا أمّي!
أريدُهنَّ كُلّهنَّ
عصافيرَ!
كي لا تصلَهُنَّ الفأسُ.

(4)

أيَّتُها الفتاةُ الوحيدةُ
أنتِ سقفُ البيتِ
والجدرانُ..
فلم تتركْ لنا خيارًا آخرَ
كلُّ تلك الفؤوس.

(5)

على الأقلِّ يجبُ أن تكونَ نسويَّتُنَا واضحةً؛ لأجلِنا.. لأجلِ بناتِنا، ولأجلِ أن تكونَ حياتُنا فارقةً، لا مُجرّد تابعاتٍ في الظِّلال.

(6)

في هذا العالَمِ

مئاتُ الوصفاتِ

كي تحصلَ الفتاةُ على معدةٍ مُسطَحةٍ

أو شعرٍ أطول

أو عيونٍ واسعةٍ!

كيف نبدو أطولَ؟

أو أقصرَ!

أصغرَ.. أو أكبرَ!

بكُلّ الأحجامِ والألوانِ..

لكن لا تذكَرُ طريقةٌ واحدةٌ

لجعلِ قلبِ فتاةٍ حزينةٍ واحدةٍ

يتوقَّفُ عن الرَّكضِ!

(7)

كنتُ حجرًا ضخمًا

أرزحُ فوقَ صدرِ وطني.

وطني الَّذي لا يحبُّ النِّساءَ!

أُقبِّلُ الغربةَ

على جبينها

أنا ابنةُ الغربةِ..

شجرتُها..

وكُلُّ العصافير.

(8)

لماذا نُريدُ أن نبدوَ جميلاتٍ

طوالَ الوقتِ؟!

في عيونِ الهواتفِ الذَّكيّةِ!

في عيونِ العُشَّاقِ!

في المرايا!

لماذا لا نبدو نحن؟!

نحنُ فقط

دونَ جهدٍ!

ويرانا حقًّا مَن يرانا!

(9)

على المرأةِ أن تَفعلَ كُلَّ ما يتوجَّبُ عليها فِعلهُ، كي تحميَ الأشياءَ الَّتي تُحبُّها؛ لأنَّنا لا نصلُ دائمًا، سِوَى بمجهودٍ مُضاعَف!

(10)

كُلُّنا خائفاتٌ

بنسبٍ مُتفاوتة!

غارقاتٌ في أخطاءٍ لَم نتسبَّبْ بها!

نرفعُ أيدينا

نبحثُ عنِ السَّطح..

تشدُّنا للأسفلِ:

العاداتُ.. التقاليدُ!

رجالُ العائلة.. والنظام الأبويّ!

ومخاوفُنا بأنَّنا لسنَا كافياتٍ!

بأنَّنا لسنا جديراتٍ!

بأن نصلَ سطحَ الماء

نتنفَّسُ

نطفو..

نشعرُ بالشّمسِ على وجوهِنا..
لا يدَ بانتظارِ أيدينا فوقَ الماءِ!
نحنُ الغريقاتُ!
نحنُ النّاجياتُ!
نحنُ المُنقذات.

أعظمُ ما قد نقدِّمُهُ لبناتِنا هو ألَّا نتوقَّفَ عن الاستماعِ لهُنَّ.

(12)

مرحبًا!

أنا هُنا!

أنتِ لسْتِ وحدَكِ، أنا أقاومُ أيضًا، كُلَّ يومٍ.

كوني بخيرٍ، ولنلتقِ في مكاننا الأفضل، يومًا ما.

سأكونُ بانتظارِكِ، لا تتأخّري!

المخلصةُ:

فتاةٌ في الطَّرفِ الآخرِ من العالم.

(13)

لا تتوقَّفْنَ عَن حُبِّ أنفسِكُنَّ، حينَ يتوقَّفُ الشُّركاءُ عن ذلكَ.

(14)

نفعلُ ما اعتدْنا على فِعلِهِ منذُ كُنَّا صغيراتٍ..
نقفُ وحدَنا.

(15)

واحدٌ
اثنان
ثلاثة..
لنبدأ!
أريدُ رحِمِي!
رئتي!
جميعَ أطفالي!
وقدميَّ.

(16)

تبحثينَ عن البيتِ دائمًا!

تستمرّينَ في البحثِ!

لكنّكِ ستدركينَ يومًا ما

أنّ هذهِ الغربةُ كلّهَا..

لأنّهُ مُقدّرٌ لكِ أن تكوني البيتَ.

(17)

أتعدُني بالشّمسِ؟!

أنا الشّمسُ!

أنا كُلُّ شيء.

(18)

تقفُ الحياةُ ضدَّكِ، فتعلِّمكِ كيفَ تقفينَ إلى جانبِ نفسكِ.

(19)

كنْتُ فتاةً صغيرةً

أتكوّرُ حينَ أختبرُ دورتي الشهريَّةَ!

أتألَّمُ

لكنَّني لا أتجرَّأُ على أن أقولَ ذلكَ!

كبِرْتُ..

وقرَّرْتُ أنَّني لسْتُ مُضطرَّةً لمشاركةِ رحِمي

معَ رجلٍ لا أريدُه!

وبأنَّ رحِمي يتكوَّرُ

ويحملُ في داخِله أطفالًا..

أصبحَ رحِمي..

جزءًا منّي!

بَل ذاتِي.

أصبحْتُ أستطيعُ أن أقولَ:

أحبُّكَ!
سأكونُ لكَ
وكُلُّ هؤلاء الأطفال
سيحملونَ دمِي!
كُلُّ هؤلاءِ الأطفالِ
يقولون:
نحنُ أطفالُ ماما..
لَن يُغيِّرَ أحدٌ
ذلك.

(20)

أعرفُ جيّدًا كيفَ تتشبَّثُ الفتياتُ بالوحدةِ

في عالَمٍ لا يُحبُّهنَّ!

فيَبنيْنَ منها عائلةً..

مهنةً!

ويحتميْنَ بأنفُسِهنَّ

كمنازلَ مُكتظّة.

(21)

أنا المرأةُ الحزينةُ

وأعلمُ أنَّ حُزني، مُلكي!

لَن يأخذوا منهُ شيئًا..

وسوفَ أبقى

هاربةً.. راكضةً.. عاريةً..

مهما حاولْتَ أن تُخبرَني، بأنَّني وصلتُ.

أنا، الكثيراتُ

التَّائهاتُ

الخائفاتُ

الصَّامتاتُ

المليئاتُ بالحياةِ رغم الموتِ!

نبتسمُ..

نحدِّقُ..

نتوارى..

نظهرُ..

نتّحدُ..

نُنبَذُ..

نلدُ..

نكبرُ..

نصغرُ..

نشرقُ..

نتبعُ الشَّمسَ

وتتبعُنا الشَّمسُ.

لا مفرَّ لنا.

نحنُ الأصلُ!

الحبيباتُ

العاشقاتُ

نراكَ جيّدًا..

ونعلمُ بأنَّكَ ترانا بوضوحٍ..

مهما حاولتَ أن تتظاهَرَ بأنَّكَ لا تفعلُ!

نحنُ هنا، رغمًا عنكَ!

مهما فعلْتَ!

ومهما فعلْنَا!

مهما صمتْنا!

مهما تخلَّيتَ عنّا!

مهما دفعْتَ بنا..

نُحلِّقُ.. ونستمرُّ!

نسرقُ الفرحَ

مهمَا تظاهرْنا

بأنَّنا بخيرٍ..

مهما جعلْتَنا دون قيمةٍ!

مهما جعلْتَنا دونَ نَسب!

نغضبُ

نركضُ

نعرفُ أنَّهُ يرانا!

يُحبُّنا!

وشيئًا فشيئًا، نعلمُ

بأنَّنا الجذورُ.

(22)

حينَ كنْتُ فتاةً حزينةً

رأيتكَ

فأصبحَ حزني أضحوكةً

لي!

عرفتُ يومَها

كيفَ نكونُ ضحايا

حينَ نكونُ صِغارًا!

وكيفَ نتخيَّلُ العالَم

في قبضةِ أحدِهم!

الخوفَ والسُّلطةَ..

وكيفَ تكونُ قلوبُنا

عصافيرَ خائفة!

لكنَّني فتاةٌ شقيّةٌ

لطالما قلْتَ لي ذلك!

وكنْتُ العصفورةَ الهاربةَ

من قفصِكَ..

قفص البلادِ..

والأهلِ..

الحبِّ..

الأصدقاءِ..

الآخرين..

فأصبحْتُ أتنقَّلُ ما بينَ الأماكنِ

وفي كُلِّ مرّةٍ أراكَ فيها

أدركُ بأنّني لَن أهربَ منكَ..

لكنَّكَ لن تستطيعَ الإمساكَ بي

مرَّة أُخرى!

(23)

أريدُ أن أرى امرأةً

تبني حلمًا..

تبني بيتًا..

تصنعُ ثروةً..

تُؤلِّفُ كتبًا..

تصنعُ رؤيةً..

تُلهِمُ الكثيراتِ..

تطرقُ البابَ..

تقبّلُ حبيبَها..

تمسحُ طلاءَ الأظافرِ..

تضعُ على الطَّاولةِ

طاولتها.. باقةَ وردٍ

تجلسُ على الأريكةِ.. أريكتها..

تحدّقُ في السَّقفِ.. سقفها!
تفتحُ النَّافذةَ.. نافذتها!
أريدُ أن أقابلَ هذهِ المرأةَ
في المرآةِ..
لأقولَ لها:
شكرًا
لأنَّ النِّظامَ الأبويَّ
لَم يعُدْ يُحدِّقُ بي
حينَ أنظرُ للسقفِ!

(24)

تقولُ: أحبّكَ!
فتخرجُ مِن الصندوقِ كُلَّ الأغاني المازوخيَّة
الَّتي غذَّتْ ثقافةَ الحرمانِ
والآباء المتسلطين
ونساء الحيّ التعيسات
تقول: هيّا!
فأرَى خلفَ الوسادةِ والملاءَةِ دمي
دمَ أطفالي..
وكُلَّ الفتياتِ اللّاتي نزفْنَ دمًا
ولعقْنَ الجرحَ..
خائفاتٍ مِن أن يفتحْنَ قلوبَهنَّ!
أقبِّلُ أيديهُنَّ..
أصنَعُ لنفسِي بيتًا..

كي تضعَ داخلي
طفلةً صغيرةً
تجعلُ الشَّمسَ تشرقُ أكثر.

(25)

لَم تكُنْ وحيدةً، كانَتْ تقفُ إلى جانبِ نفسِها.

(26)

كحلٌ..

أحمرُ شِفاهٍ..

وفتاةٌ حزينةٌ

تلتقطُ صورةً

لتقولَ للعالَمِ:

هل أعجبُكَ؟

صديقي العالَم!

سألِدُ الكثيرَ مِن الفَتياتِ

لنقولَ لكَ سويّةً:

تبًّا لكَ!

(27)

تذكّرْنَ دائمًا أن تغادرْنَ الأماكنَ.. الأشخاصَ.. وكُلَّ ما لا يعجبُكنَّ!

تذكّرْنَ دائمًا أنَّ الحريَّةَ تعني الاختيارَ..

وأنَّ الأماكِنَ أحيانًا تقتلُ..

وأنَّ ما نستحقُّهُ، هو أَلَّا تكونَ الحياةُ بهذهِ الصّعوبة.

تذكّرْنَ دائمًا أنَّ عدمَ الاحترامِ، والعنف، والتَّقليل مِن شأنِكنَّ، دائمًا، مكانٌ خاطِئٌ لتكنَّ فيهِ.

(28)

لطالما كانَت لديَّ مُشكلةٌ معَ النّقودِ، أريدُها نقودي.

لطالما كانَت لديَّ مُشكلةٌ مع البيتِ، كي أدعوهُ بيتًا؛ يجبُ أن يكونَ بيتي.. والأطفال، يجبُ أن يكونُوا أطفالي، دونَ أن يخفوا اسمي في أسفلِ بطاقاتِهم الشَّخصيّةِ.

لطالما كانت لديّ مشكلةٌ في أن أحصلَ، دونَ أن أتعبَ، أو أن أُمتلكَ، فأصبحُ كالنّقودِ، أو البيتِ.

لطالما أردْتُ أن أكونَ كما أريدُ للنِّساء أن يَكنَّ، وأن تكونَ النِّساءُ من رحمِي، عصافيرَ، يمتلكْنَ، لا أن يُملكْنَ.

(29)

امرأةٌ واحِدةٌ فينا

تصبحُ اثنتين!

تجعلُنا نشعرُ

بأنَّ آلافَ السنين

من النِّظامِ الأبويّ

لَم يسرقْ أرحامَ النِّساء.

امرأةٌ واحِدةٌ فينَا

تضحكُ..

تجعلُ حزنَ الأُمّهاتِ..

الجدَّاتِ..

أمرًا هناكَ مفرٌّ منهُ!

امرأةٌ واحِدةٌ فينَا

تركضُ

هكذا تصلُ النِّساءُ.

(30)

تقول:

امرأةٌ!

وأقول:

طفلة..

اثنتان..

ثلاثة..

سوفَ أصبحُ الكثيراتِ

وسوفَ تستمرُّ بالعدِّ

دون أن تستطيعَ إنجابَ

روحٍ واحِدة من جوفكَ.

(31)

الحياةُ قصيرةٌ، يجبُ أن تُقاتلي لتحصلي على كُلِّ ما ترغبين بهِ، بكُلِّ قوَّتكِ.

(32)

كيفَ يمكنُ أن نشرحَ لهُم الأشياءَ الجديدةَ الَّتي نكتشفُها في أنفسِنا؟!

نحنُ فتياتُ الرَّكضِ، والأحلام الَّتي تكبرُ، والأرض البعيدة التي نراها، والذِّئاب الَّتي تعوي تحتَ القَمرِ، ونحنُ نركضُ، غيرَ خائفاتٍ، غيرَ مُتعباتٍ، غيرَ وحيداتٍ.

كيفَ يمكنُ أن نقولَ لهم: الكثير، ليسَ كافيًا!

(33)

النِّسويّةُ أنقذَتْني

مِن الزَّواجِ المُبكّرِ!

مِن العُشّاقِ السذّجِ!

مِن إنجابِ طفلٍ

مِن رجلٍ لا أُحبُّه!

مِن البيتِ المُقفَلِ

في القريةِ الصّغيرةِ

لرجلٍ يعودُ مساءً

بحثًا عَن الطّعامِ!

مِن خمسةِ أطفالٍ

كنْتُ سأنجبُهم

قبلَ أن أبلغَ الثامنةَ والعشرين!

وأتحوّل تلقائيًا

لامرأةٍ حزينةٍ

تُحبُّ أطفالَها

لأنّهُ من المخجل ألّا تحبُّ امرأةٌ أطفالَها

وتربّي فتياتٍ حزيناتٍ مثلها!

يسكُبْنَ الطَّعامَ والقهوةَ

في مواعينِ الطَّعامِ..

وبطونِ الرِّجالِ!

وأكثر مِن ذلكَ

أنقذَتْني مِن أن أتحوَّلَ

لفتاةٍ ثابتةٍ!

الثباتُ خوفي..

وهذا الهروبُ والغربةُ

قوَّتي وخياري ومتعتي!

النِّسويّةُ علَّمَتْني

أن أحبَّ

وأكرهَ

بكاملِ الحقِّ

دونُ أن أخجلَ

دونُ أن أفكِّرَ حينَ أكونُ في الغُرفةِ

بأنَّ هناكَ شخصًا آخرَ

أفضلُ منِّي

فقط لكوني امرأةً!

أو أنّنا نحنُ النِّساء

حينَ لا نرتدي عباءاتِ جدَّاتنا

فنحنُ أقلُّ مِن الأخرياتِ!

الأخرياتُ نحنُ

لكن في المصيدةِ

وواجبي أن أهربَ منها.

(34)

لقد أصبحْنَا نساءً

في أثناءِ الطَّريقِ

لَم يحدثْ أَن كُنَّا يومًا

فتياتٍ صغيراتٍ حولَ مائدةٍ

مَعَ قطعٍ مِنَ الحَلوَى

ومشروبِ الشّوكولَاتة السّاخنِ!

لطالما كُنَّا

بناتِ العَدَمِ المُخلِصاتِ!

وكُنَّا حينَ نتعَبُ

ننامُ بعينٍ واحدةٍ

لعلَّ خطوةً ما

تجعلُنَا نقعُ في الحفرةِ!

لَم يحدثْ يومًا أن كُنَّا الأرنبَ

أو السَّاحِرَ

أو القُبَّعةَ!

لَم يحدثْ يومًا أن أخبرَنا أحدُهم

كيفَ يحبُّنا!

أو يصنعُ لَنا بيتًا

أو يترك لنا برقيَّةً

أو بوصلةً!

لكنَّنا كُنَّا

في نهايةِ المطافِ

البيتَ

والعائلةَ

وَكُنَّا الطَّريقَ

والبوصلةَ

والنِّساءَ اللَّاتي

يجتمعْنَ حولَ المائدةِ

يتناولْنَ الحَلوَى

ومشروبَ الشوكولاتة السَّاخنِ

دونَ أزواجِ العيونِ الَّتي

تراقِبُ أفواهَنا

أَثداءَنا
أَحلامَنا
أَطفالَنا..
وهذا ما صنعَ
كُلَّ الفَرقِ.

(35)

ستكونُ لديكِ الفرصةُ لمغادَرةِ كُلِّ مَا تكرهينَهُ ماما، ستكونُ
لديكِ الفرصةُ أكثر.

(36)

لقَد أعمَتْنَا قلوبُنا حينَ كُنَّا صغيراتٍ، فلَم نرَ النُّورَ فينَا، كانَ علينَا أن نكبرَ وحيداتٍ، غاضباتٍ، مُغترباتٍ، دائماتِ التِّرحالِ؛ كي نجدَ النُّورَ بأنفسِنا، دونَ يدِ أحدٍ.

حينَ فعلْنا، لَم يعُدْ بإمكانِ أحَدٍ أن يأخذَهُ منَّا!

فتياتٌ صغيراتٌ تحوَّلنَ لشموسٍ كبيرةٍ، مَع الوقتِ، هكذَا كُنَّا، طوالَ الوقتِ.

(37)

لا تتوقَّفْنَ أبدًا عن التعلُّمِ..

عن بناءِ مهنةٍ..

عن الحُلمِ أكثر، وأبعد!

لا تتوقَّفْنَ عَنِ الرّكضِ!

لا لأجلِ الحبِّ..

ولا لأجلِ الأمومةِ..

ولا لأجلِ البيتِ الدَّافِئ!

لا تتوقَّفْنَ كي تبقينَ دائمًا، مُختاراتٍ، لا مُجبرات.

(38)

حينَ تُغادرينَ البيتَ

ستجدين اللَّيلَ

وقدمَين حافِيَتَين

والكثيرَ مِن الحَصى!

لكنَّكِ ستركضين

وتفكّرينَ بأنَّ العودةَ

حتَّى لو كانَت مسافتُها خطوةً واحدةً

صعبةٌ!

لأنَّ الطَّريقَ فخٌّ كبيرٌ

تقصرُ كُلَّما ابتعدتِ عَنِ الخوفِ!

وفزّاعةٌ

وضعتْهَا العائِلاتُ الَّتي لا تعرفُ كيفَ تُحِبُّ الفتيات

عندَ عتبةِ البيوت.

(39)

لقَد أخذْنَا قرارًا واحِدًا مُذ كُنّا صغيراتٍ:

نقفُ وحدَنا

نقفُ لأجلَنا

نقفُ لأنَّنا الفتياتُ الوحيداتُ

الخائفاتُ، الهارباتُ..

نقفُ لأجلِ الصَّغيراتِ.

(40)

ماما!

ستأتي أوقاتٌ تكونين فيها خائفةً

وتتمنّين لَو أنَّ عالمَكِ

كانَ أكثرَ سهولةً

ولَو أنَّ غُرفتَكِ

كانَت ضيّقةً أكثرَ

لو أنَّ أحلامَكِ

صغيرةٌ أكثر..

ولَو أنَّ قلبَكِ لَم يُكسَرْ

لَو أنَّكِ وجدْتِ كُلَّ الإجاباتِ

هُنا!

ولَو أنَّ المنزلَ

لَم يصغرْ!

لكنَّني سأكونُ هناكَ

حينَ تَشعرينَ بكُلِّ هذا

كي تفهمي كُلَّ هذَا الخوفِ

وتعلمي بأنَّ الفتياتِ الكبيراتِ

لا تتَّسعُ لهُنَّ الغُرفُ الضيِّقةُ

ولا صدرُ الأمّهاتِ

ولا حساءُ الجَدّاتِ الدّافئ!

وبأنَّ لا شيءَ في العالَمِ يُشبهُ أن تُغادرَ الفتاةُ

وتركضَ بأقصَى سُرعتِها

نحوَ مساحاتٍ أكبر!

حيثُ أحلامَها تزدادُ

تأكلُ مِن تعبِها

وتسكنُ في منزلِها

تُشاركُ جسدَها

مع شخصٍ تُحبُّه

وتطأُ أرضًا صُلبةً

تحتَ قدميها

وتسمّيها:

"أستطيعُ النّجاةَ في كُلِّ مَرّةٍ".

(41)

أعرفُ جيّدًا كيفَ يأكلُ أقدامَنا الإسفلتُ!
وكيفَ تصبحُ الفتياتُ الصَّغيراتُ الهارباتُ
من القُرَى الصَّغيرةِ
حقائبَ سفرٍ
مليئةً بمُحاولاتِ الوصول.

(42)

كُلَّما أنجبتُ طِفلًا

شعرْتُ بالوحدةِ أكثرَ!

وبأنَّ النِّساءَ أشجارٌ

وجذورٌ

لكنَّ جذورَ الهَارباتِ تركضُ مع الرِّيح

حتَّى تصبحُ أقدامُهُنَّ مِن حديدٍ

يُقبِّلْنَ الغُربةَ

ويُطلقْنَ مِن صُدورِهُنَّ العَصافيرَ!

كُلُّ مَن أنجَبتْهُ امرأةٌ

قدماها في الرِّيح

عصفورٌ!

وأنا أحبُّ أن أُطلِقَ مِن داخلي

كُلَّ تلك العصافير.

(43)

نفعلُ ما تفعلُهُ الفتياتُ الوحيداتُ عادةً..
نتدبَّرُ أمرَنا في كُلِّ مرّةٍ.

(44)

الفكرةُ أن نكونَ محبوباتٍ، لكنَّنا لَن نفعلَ حتَّى يتمَّ قصُّ الكثيرِ مِن الأجزاءِ منَّا، ونُوضَع في صندوقٍ حَديديّ كي يحرصوا ألَّا نتسربَ.

الفكرةُ أنَّنا وحتَّى لأجلِ الحُبِّ، لا نريدُ أن نقتطِع الأجزاءَ الَّتي نُحبُّها، ولا يحبُّونَنا لأجلِها، منَّا.

لذلكَ نحنُ الطَّريقُ، ونحنُ المحبوباتُ، ونحنُ السفنُ المهاجرةُ عَن الأوطانِ.

أدركُ جيّدًا أنّني لا أسعَى لأَن أُحبَّ، بقدرِ مَا أن أحبَّ نفسِي.. سأحبُّكِ كثيرًا، للدَّرجةِ الَّتي لا تشعرين فيها يومًا بأنَّ ضريبة الحُبِّ هي اقتطاعُ قدميكِ، أو رأسكِ، أو أن تذوبي كالثَّلج.

وسأحبُّ نفسي، لِلدَّرجةِ الَّتي لَن أنسَى بأنَّ كُلَّ هذا الرَّكضِ، ضريبةٌ أدفعُها بحُبٍّ، كي لا نقولَ نعم، حينَ يجبُ أن نقولَ لا.

65

(45)

طوال حياتي وأنا مُحاطَةٌ بنساءٍ يَتصنعْنَ الفرحَ، يَتصنعْنَ الحُبَّ، يتصنعْنَ الثِّقةَ، والأسوأ، يتصنعْنَ الحُرِّيَّةَ!

لا توجدُ امرأةٌ حرَّةٌ فيما بينَنا، فلا امرأة حُرَّة ما دمْنَا نتدرَّبُ لنطيعَ، لنخافَ، لنقولَ: نعَم، حاضِرْ! أعلَمُ بأنَّكَ تعلم الأفضلَ لي.

لا توجَدُ امرأةٌ حُرَّة ما دامَتْ قوانينُنا مِن رِجالٍ، يفتونَ بأجسادِنا، بعقولِنا، بأهوائِنا، بأرحامِنا، بأطفالِنا، وما دُمنا نتظاهَرُ في نهايةِ اليومِ أنَّنا نختارُ.

طوالَ حياتي وأنا أحاولُ الهروبَ، أحاولُ الرَّكضَ أكثرَ، لعلَّني لا أقعُ في الفخِّ، لعلَّكِ يا بنتي، لا تقعين في الفخِّ.

(46)

أعرفُ كيفَ نخافُ مِن أَن تتحوَّلَ أقدامُنا إلى أشجارٍ؟!

وكيفَ تقتلعُ الفتياتُ أقدامَهُنَّ كجذوعٍ مِن قلوبِ أمَّهاتِهُنَّ؟!

كيفَ نُحبُّ..

لكنَّنا نرحلُ؟!

وكيفَ نشتاقُ..

لكنَّنَا لا نلتفِتُ؟!

وكيفَ يكونُ الخوفُ!

كُلّ الخَوفِ حينَ نتلعثَمُ بالكلماتِ المَعقوفةِ!

أَلَّا تموتَ..

بل أَن تصدأ قدماكَ إن توقَّفْتَ عن الرَّكضِ.

(47)

كُلُّ فتاةٍ هاربةٍ مِن البيتِ
تصبحُ بيتًا.

(48)

في تلكَ اللَّحظةِ أدركَتْ أنَّ كُلَّ ما تريدُهُ شخصٌ يحبُّها؛ فكُلُّ الأشياءِ الأُخرى، تستطيعُ هي شراءَها.

(49)

حينَ تنمو لنا قدمَان

لا خوفَ علينا!

نحنُ نفتحُ البابَ..

نغادرُ البيتَ البارِدَ

الَّذي سلبَ طفولتَنا..

نقتلعُ العُشَّاقَ الحمقَى

مِن قلوبِنا!

نتجاهَلُ مُكالماتِ الأصدقاءِ

الَّذينَ قضموا آذانَنا

يومًا ما..

حينَ تنمو لنا قدمَان

لا خوفَ علينا!

الخوفُ على الصَّغيراتِ

اللّاتي لا يمتلكْنَ حتَّى الآن قدمَين..

حذاءَين..

ووجهة!

والحزنُ.. كُلُّ الحزنِ

على تلك الطِّفلةِ الخائفةِ

الَّتي لا زالَت تستيقظُ فينا

قبلَ الهروبِ مِن عتبةِ البيتِ.

(50)

كُلُّ هذا التَّعبِ
الرَّكضِ
الغُربةِ..
هو ضريبةُ جسدي.
جسدي الَّذي أريدُهُ مُلكي
لا للعَائلةِ
لا للرَّجلِ!
لا أريدُ جزءًا واحدًا من جسدي
ينمو أو يختنق
بفضلٍ أو بسببِ
النّظامِ الأبويّ!
أريدُ أن أمتلكَ جسدِي كاملًا..
يومًا ما!

دونَ أن أسمحَ لأحدٍ
أن يضعني داخلَ بيتِه
أو بينَ كفِّيه
أو تحتَ سلطته.

(51)

كنتُ فتاةً صغيرةً

تضعُني داخلَ دائرةٍ مُفرغَةٍ

أدورُ.. وتدورُ خلفِي

وأعلمُ بأنَّكَ سوفَ تستمرُّ بالظُّهورِ

حتَّى لو ركضْتُ حتَّى آخرِ الأرضِ!

لا مكانَ للهروبِ

لكنَّني أعرفُ الآنَ جيِّدًا المنفذَ

لقَد استنفذَ مِنِّي مسافاتٍ شاسعةً

لكنَّني وجدتُهُ

بابًا صغيرًا

أعبرُ بهِ مِن خلالِكَ

فلا أُحبُّكَ..

ولا أكرهُكَ..

ولا أراكَ!
كشيءٍ قديمٍ
قديمٍ جدًّا!!
وأنَا خارجَهُ.

(52)

تذكَّري بأنَّكِ لَم تسكني يَومًا بيتًا
لطالما كنتِ الجُدرانَ!
ولَم تكوني العِناقَ يَومًا
بَل الضُّلوعَ!
وحين ترغبين بالاختباءِ
تجدين بأنَّ الكونَ في الخارِج
وأنتِ هنالَك
تقومين بدورِكِ الطَّبيعيِّ..
جدران تمشي على قَدمَين!
جدران تحمي نفسَها!
والبيتَ.

(53)

نركضُ..

نواجِهُ..

نختبئُ..

نبتعِدُ..

نقتربُ..

نظهَرُ..

نختفي..

نحنُ النَّاجياتُ!

لا يوجدُ شيءٌ.. ولا أيُّ شيءٍ

تستطيعُ أن تفرضَهُ علينا

كي نربحَ الحربَ.

(54)

لا تسأَلْني أبدًا عن مقدارِ ما أستطيعُ تحمُّلَهُ..
فأنا امرأةٌ!
أتعلَمُ كَم تحتاجُ مِن القوَّةِ كي تكونَ امرأةً؟
أتعلَمُ كَم تفاجِئ نفسَكَ كونكَ امرأةً؟
نحنُ النِّساءُ، لا ننضبُ مِن القوَّةِ.

(55)

ستكبرين..

بشعرٍ طويلٍ، وقامةٍ مَرفوعة!

سنقفُ معًا في وجهِ كُلِّ شيءٍ..

سأكونُ دائمًا خلفَكِ..

لأقولَ لكِ: إنّكِ تستطيعين..

وإنَّ الطَّريقَ، كُلَّ الطَّريقِ، لكِ!

ستكبرين..

ستُحدّقين بالشَّمسِ..

وتُحدِّقُ بكِ..

سيلتمعُ شعرُكِ..

ويضحكُ قلبُكِ..

وسأشاطرُكِ قرصَ الشَّمسِ الضَّاحِك.

ستقولين: "ماما"!

وأقولُ: "دائمًا هنا، ماما"!

فالأُمُّهاتُ لمرَّةٍ واحدةٍ، أمّهاتٌ للأبَد.

(56)

ماما!

لقَد قضيتُ حياتي أركضُ!

ولا أعرفُ حتّى متَى؟!

لكنَّني الآنَ أسلِّمُكِ تذكرةَ العُبورِ..

الهروبِ..

البقاءِ..

الاختيارِ..

كُلُّ ما تريدينهُ أمامَكِ!

ربَّما هذا مغزى الرَّكضِ:

الحريَّةُ للفتياتِ الصَّغيراتِ.

(57)

نحنُ الآنَ على البحرِ..
أجدلُ لكِ شعركِ البُنيَّ..
يبدو كالذَّهَبِ تحتَ الشَّمسِ!
نشعرُ بالدِّفءِ..
الرِّمالُ تبدو حقيقيَّةً للغايةِ!
قلبي دافئ تمامًا كجسدِي..
قد تحوَّلَ للّونِ البُنيّ!
والَّذي أحبُّه..
نبدو كسيِّدَتين سعيدتَين..
عَصريّتَين..
ننثرُ شعرَنا للشَّمسِ
ونتبادَلُ الأحاديثَ الحقيقيَّة
عن الكُتبِ والعملِ

عنِ الإجازةِ..
عن الرّجالِ الَّذينَ نُحبُّهم
بعيدًا عَنِ الأبوابِ المُقفَلَة..
عَنِ السَّتائرِ المُسدلَة..
عَن الجسدِ الخَجولِ..
عن العارِ المتعلِّق بالنِّساءِ..
نضحكُ دونَ أن أُطبقَ شفتيَّ
بخجلٍ!
ونعلَمُ بأنَّنا
بعيدًا عن أن تطالَنا يدُ أحدِهم..
أحدهُم الَّذي يظنُّ بأنَّ هذين الجسدَين
المُلتفحَين بالسُّمرةِ..
المُستلقيَين على الرِّمالِ..
مُلكهُ!
نضحكُ ونحنُ نُخطِّطُ للوجبةِ الَّتي سنتناولُها على العشاءِ..
والأصدقاءِ الَّذين سندعوهم..
والفيلم الَّذي سنُشاهدهُ..
والعملِ الَّذي سنذهبُ إليهِ في اليوم التَّالي..
حينَها فقط سأقولُ لكِ:

ماما!

لقَد انتهَى كُلُّ شيءٍ.